Jean-Jacques Ampère

Les Commencements de la Liberté à Rome

Essai

ISBN : 978-1985708082

10 9 8 7 6 5 4 3 2 1

Jean-Jacques Ampère

Les Commencements de la Liberté à Rome

Essai

Table de Matières

Les Commencements de la Liberté à Rome

LE MONT SACRE. — CORIOLAN. — SPURIUS CASSIUS. — LES FABIUS [1]

Les commencements de la liberté furent pénibles à Rome : au dedans, des luttes violentes entre les patriciens et les plébéiens ; au dehors, des guerres incessantes et périlleuses avec des ennemis très rapprochés. Un jour, les plébéiens refusaient de marcher ; un autre jour, les Étrusques ou les Sabins étaient au moment de surprendre la ville. La liberté, qui vit par l'agitation et qui grandit par les obstacles, se fortifia dans ce rude exercice de l'énergie romaine, car les difficultés lui sont bonnes, les résistances la servent : quand elles manquent à la liberté, ce ressort de l'âme humaine se rouille et finit par tomber en poussière. Rien n'est plus funeste aux révolutions que de s'accomplir trop facilement.

À Rome, pour assister aux orages de la liberté naissante, nous aurons peu de chemin à faire ; nous n'aurons à aller que du Forum aux Septa, du Campo Vaccino à la place de la Minerve. Pour suivre les vicissitudes des luttes extérieures des Romains contre les peuples qui les entourent et les pressent de tous côtés, nous n'aurons qu'à regarder à l'horizon la sublime campagne romaine et ces montagnes qui l'encadrent si admirablement. Elles sont encore plus belles, et l'œil prend encore plus de plaisir à les contempler, quand on songe à ce qu'elles ont vu d'efforts et de courage dans les premiers temps de la république. Il n'est presque pas un point de cette campagne qui n'ait été témoin de quelque rencontre glorieuse ; il n'est presque pas un rocher de ces montagnes, qui n'ait été pris et repris vingt fois.

Toutes ces nations sabelliques qui dominaient la ville du Tibre et semblaient placées là sur des hauteurs disposées en demi-cercle pour l'envelopper et l'écraser, toutes ces nations sont devant nous et à la portée du regard. Voici du côté de la mer les montagnes des Volsques ; plus à l'est sont les Herniques et les AEques ; au nord, les Sabins ; à l'ouest, d'autres ennemis, les Étrusques, dont le mont Giminus est le rempart. Au sud, la plaine se prolonge jusqu'à la mer. Ici sont les Latins, qui, n'ayant pas de montagnes pour leur servir de citadelle et de refuge, commenceront par être des alliés. Nous pouvons donc embrasser le panorama historique des premiers combats qu'eurent à soutenir et que soutinrent si vaillamment les Romains affranchis.

Mais rentrons d'abord dans Rome. Deux classes, deux races, deux villes, comme dit Denys d'Halicarnasse, sont en présence et en guerre, se haïssant l'une l'autre, toujours prêtes, ce semble, à se séparer, mais finissant toujours par s'unir pour défendre en commun une patrie libre. Ces dissensions naissent avec la république. Le lendemain de la bataille du lac Régille, l'orgueil patricien, la vieille dureté sabine, sont aux prises avec la souffrance et la colère des fils opprimés du Latium. De là des luttes sans cesse renouvelées, et qui eurent constamment le caractère d'une guerre civile au fond de laquelle était une guerre nationale.

À Rome, le patriciat, avec ses habitudes de parcimonie sabine, fut toujours une aristocratie avare, vice rare chez les aristocraties. Peut-être l'aristocratie romaine n'en est-elle pas encore entièrement corrigée. Ce fut là ce qui devait soulever les premières tempêtes. Les patriciens prêtaient aux plébéiens pauvres et prêtaient à un intérêt très élevé ; les plébéiens ne pouvaient s'acquitter. Alors ils appartenaient aux patriciens, ils devenaient *nexi* [2]. Des créanciers impitoyables tenaient ces *nexi* emprisonnés dans leurs maisons et les traitaient comme des esclaves. Un jour, un vieillard parut dans le Forum couvert de vêtements sordides ; maigre, pâle, sa longue barbe et ses cheveux en désordre lui donnaient l'air d'une bête sauvage. Il dit que dans la dernière guerre sa ferme avait été brûlée, ses troupeaux enlevés, que, pour payer le tribut, il avait dû emprunter, et que, n'ayant pu payer, il avait été enfermé dans la demeure des esclaves, l'*ergastulum*, et avait trouvé dans son créancier un bourreau. Ce premier cri poussé contre les patriciens dans le Forum fut le précurseur des accusations dont les tribuns devaient si souvent le faire retentir. L'émotion des assistants gagne toute la ville. Une foule irritée débouche dans le Forum par chacune de ses avenues. Les patriciens qui s'y trouvaient sont en grand péril. Les consuls paraissent. La multitude s'adresse à eux, demande avec menace que le sénat s'assemble, et entoure la curie pour imposer aux sénateurs les mesures qu'elle réclame. La curie était presque vide ; les sénateurs n'osaient y venir, et se gardaient de paraître au Forum. Le sénat, n'étant pas en nombre, ne pouvait délibérer. Le peuple criait qu'on se jouait de lui. Enfin les sénateurs, jugeant que tout retard augmentait le danger, se rendent à la curie : mais dans le sein de leur assemblée l'agitation n'était pas moins grande que dans le Forum. Des deux consuls, l'un, Servilius, appartenait à une famille latine [3] ; l'autre, Appius, était le chef de la *gens* sabine des Claudii, nouvellement adoptée par le patriciat romain. L'orgueil de l'aristocratie sabine paraissait tout entier dans son fier représentant. Ce fut cet Appius qui, le premier, osa placer comme dans un monument de famille les images de ses ancêtres sur des boucliers qu'il suspendit dans le temple de Bellone, déesse guerrière des Sabins. Les sentiments de Servilius et d'Appius furent conformes à leur origine. Servilius proposait des concessions ; l'inflexibilité superbe d'Appius n'en voulait admettre aucune.

Tout à coup on annonce que les Volsques s'avancent et viennent assiéger la ville. La *plebs* est transportée de joie à cette nouvelle. On s'exhorte à refuser le service militaire : on s'écrie : « Que les patriciens aillent combattre ! A eux les périls de la guerre, puisqu'ils en ont tout le profit ! » Cependant la curie est consternée. On y craint autant les citoyens que les ennemis. Le consul populaire fait rendre un édit par lequel il est défendu de tenir emprisonné un citoyen romain et de l'empêcher ainsi d'aller se faire inscrire comme soldat, de posséder ou de vendre la terre d'un soldat tant qu'il serait sous les armes, de détenir une personne de sa famille. Un tel édit montre si les griefs des plébéiens étaient fondés par ce qu'il avoue en l'interdisant. Aussitôt les *nexi* accourent, donnent leurs noms, prêtent le serment, vont, combattre les Volsques et les Sabins avec une ardeur qui partout décide la victoire ; mais, le péril éloigné, les sénateurs ne veulent plus tenir leur promesse. Appius prononce les peines les plus sévères contre les débiteurs insolvables. Ils sont livrés de nouveau et de nouveau enchaînés. Servilius, tiraillé entre son rôle d'ami des plébéiens et les reproches des patriciens, qui presque tous soutenaient Appius, hésite, tergiverse, et, comme il arrive en pareil cas, perd son crédit auprès des plébéiens, tout en mécontentant les patriciens.

On vit bien que l'irritation populaire se portait sur l'un et l'autre consul à l'occasion de la dédicace du temple de Mercure, dont l'existence à cette époque montre que le commerce avait acquis dès lors à Rome un certain développement. Il n'y a presque pas un fait important dans l'histoire de Rome qui ne se traduise pour ainsi dire dans l'histoire d'un monument. Appius et Servilius se disputaient l'honneur de dédier celui-ci. À cet honneur étaient attachés la fonction de veiller à la subsistance publique, le droit de choisir les membres de la corporation des marchands, intérêts plébéiens et latins comme l'étaient les marchands eux-mêmes. Le sénat, pour accorder quelque chose à la multitude, donna aux plébéiens la liberté de prononcer entre les deux consuls. Les plébéiens, qui étaient mécontents de tous deux, ne nommèrent ni l'un ni l'autre, mais décernèrent le privilège disputé à un simple centurion nommé Laetorius, nom plébéien qui reparait dans l'histoire des Gracques. À un homme de cet ordre il convenait d'ailleurs de dédier le temple du dieu du commerce, car le commerce était le partage des plébéiens.

La fermentation continuait. Le Forum était plein de trouble et de bruit ; des assemblées clandestines se formaient sur l'Aventin, toujours mont démocratique, sur l'Esquilin, au pied duquel se trouvait le quartier populaire de la Subura. Quand le consul voulait faire arrêter un homme turbulent dans le Forum, les licteurs étaient repoussés, et les consuls descendaient de leur tribunal [4] pour leur prêter main-forte. L'intérieur même de la curie était menacé. Dans ce bâtiment élevé où montait le tumulte du Forum, les avis étaient partagés. Le Sabin Appius, inflexible et méprisant cette tourbe latine, propose de nommer un dictateur : le sénat s'y résout ; mais, par un sage tempérament, il choisit le frère de Publicola. Les plébéiens consentent à obéir à un Valerius et vont vaincre les AEques, les Sabins et les Volsques. Le dictateur demande que l'on tienne les promesses faites au sujet des *nexi*. Le sénat s'y refuse. Alors, invoquant le dieu sabin Fidius, le dieu de la bonne foi que l'on violait, il abdique, et, sortant de la curie pour regagner la demeure des Valerius au pied de la Velia, traverse le Forum accompagné par les applaudissements de la foule qui le remplit. Ce fut à la suite de ce second manque de foi du sénat que les plébéiens prirent le parti de se retirer sur le Mont-Sacré.

Quand, après être sorti par la Porta-Pia et avoir suivi la voie Nomentane jusqu'au bord de l'Anio, on a passé cette petite rivière sur un pont antique que surmonte une tour du moyen âge, on a devant soi une colline allongée que coupe la route de Nomentum. Cette colline, séparée de l'Anio par une prairie, est le Mont-Sacré [5]. Ce nom exprimait l'idée de l'inviolabilité des personnes et, des droits qu'y conquirent les plébéiens. Les lois qui les garantirent s'appelèrent lois sacrées (*leges sanctoe*). La personne des tribuns qui les représentèrent fut déclarée sacrée (*sacrosancta*) [6]. Irrités du manque de foi des patriciens, tous les citoyens en état de porter les armes refusèrent de marcher contre les AEques, et s'en allèrent camper sur le Mont-Sacré, au-delà de l'Anio, hors du territoire primitif de Rome. Ce fut une véritable émigration.

Les plébéiens voulaient, je n'en doute pas, faire sur le Mont-Sacré un établissement durable [7]. Selon Denys d'Halicarnasse, ils l'occupèrent quatre mois, à la grande terreur des patriciens, qui voyaient Rome délaissée par ses défenseurs et près de tomber au pouvoir de l'ennemi. De plus, les champs n'étaient point cultivés. Rome perdait ses laboureurs en même temps que ses guerriers. Si les plébléiens ne fussent pas revenus, la ville qu'ils auraient fondée au bord de l'Anio eût été une ville latine, car la *plebs* était surtout latine. Aussi une tradition empreinte d'un caractère populaire très prononcé rattachait à la sécession du Mont-Sacré une antique divinité du Latium, Anna Perenna, dont elle avait fait une bonne vieille de Boville, près d'Albe, qui allait de grand matin porter tout fu-mans aux réfugiés du Mont-Sacré les gâteaux qu'elle avait pétris. Les plébéiens ne consentirent à revenir qu'après avoir obtenu la création de deux tribuns tirés de leur sein et investis du pouvoir de les protéger contre les patriciens. Le traité fut conclu par des fétiaux entre les patriciens et les plébéiens, comme entre deux peuples.

Les tribuns étaient les organes de la *plebs*, ses représentants, pour ainsi dire son incarnation. Il fallait être plébéien ou se faire plébéien par l'adoption pour être tribun. La porte du tribun devait être toujours ouverte, et il ne pouvait passer un jour entier hors de Rome. Laisser le peuple sans tribun était un crime capital ; là point d'interrègne, comme dans les magistratures patriciennes. Le tribun ne devait pas plus mourir que le roi de l'ancienne France. On nomma d'abord deux tribuns pour les opposer aux deux consuls. Le tribunat dans l'origine n'était pas une véritable magistrature ; les tribuns n'exerçaient aucune autorité, ne commandaient point, ne jugeaient point ; ils ne pouvaient qu'empêcher. Ils n'étaient pas le gouvernement ; ils étaient l'opposition [8]. Aussi les tribuns n'avaient-ils aucun insigne, aucun costume particulier ; à l'origine, ils n'entraient point dans la curie, où ils ne tardèrent pas à être admis ; ils s'asseyaient à la porte sur un tabouret (*subsellium*), mais la porte devait rester ouverte, car il est dit qu'ils observaient avec grand soin les résultats de la délibération pour s'y opposer dans le Forum, s'il y avait lieu. Leur droit de secours (*auxilium*) ne s'étendait pas à plus d'un mille de Rome. Tels furent les modestes commencements du tribunat ; mais il devait grandir avec l'ordre plébéien qu'il représentait, comme lui tout envahir, et se perdre comme lui par l'excès de ses envahissements.

En même temps que le tribunat fut créée l'édilité, magistrature dont on a méconnu la nature et l'importance primitive. Les édiles, dans lesquels on n'a vu souvent que des officiers de police, étaient, selon leur institution, les auxiliaires des tribuns. Leur personne, fut déclarée sacro-sainte, comme celle des tribuns. à la fin du m, siècle, on voit deux consuls, au sortir de leur charge, accusés, l'un par un tribun, l'autre par un édile. Au vie, un tribun et un édile sont chargés de concert de donner l'ordre d'arrêter Scipion l'Africain. Dans un moment difficile, ils font l'office de consuls. C'est à eux qu'il appartient de s'opposer à l'introduction des religions étrangères. Polybe appelle l'édilité une charge très illustre, avec le temps, leur puissance diminue, éclipsée par l'éclat de la puissance tribunitienne et ravalée à des soins de police urbaine. Déjà au temps de Cicéron un édile n'était pas beaucoup plus qu'un simple citoyen. Les empereurs n'aimaient pas les édiles, qui avaient été institués comme les tribuns pour la protection de la liberté. Tibère les employa à surveiller les cabarets et les rabaissa au rôle de bourreaux de la pensée en leur faisant brûler les livres de Cremutius Cordus. Néron restreignit encore leur pouvoir. Enfin cette magistrature plébéienne, glorieuse fille du Mont-Sacré, descendit aux soins les moins relevés de la voirie, à empêcher qu'on ne jetât des immondices par les fenêtres et à ce qu'on laissât des charognes dans les rues.

Le secret de cette transformation est dans la nature des fonctions qui furent attribuées aux édiles, et ces fonctions eurent elles-mêmes leur raison d'être dans l'édifice sacré auquel l'édilité fut attachée à son origine, le temple de Cérès. Ce temple leur donna leur nom. Les édiles, ce sont les hommes du temple (*œdes Cereris*), du temple par excellence pour les plébéiens (composés primitivement de Latins), et situé au pied de l'Aventin, à l'entrée de la vallée Murtia, lieu plébéien que des Latins habitaient depuis Ancus. Les Sabins les y avaient précédés et y avaient célébré avant eux le culte de Cérés. Cérés était le nom sabin d'une divinité pélasge ; les Latins l'adoptèrent parce qu'elle était une déesse agricole, et la portion pauvre des plébéiens parce qu'elle était la déesse du pain. Ce temple était sous la surveillance particulière des édiles ; ils y avaient leurs archives, où ils conservaient les lois votées dans les comices populaires par tribus (plébiscites), et où ils exigèrent que fussent déposés les sénatus-consultes ; plus tard on les transporta au Capitole, ce qui veut dire, je crois, dans le *tabularium*, qui était et qui est encore sur le Capitole.

Préposés à la garde d'un édifice sacré, les hommes *du temple* devinrent les hommes des temples, ce qui se disait de la même manière (*œdiles*). Ils furent chargés de la construction, de l'entretien et de la réparation des temples. Ce nom d'édiles désignait aussi les hommes des édifices en général, des maisons ; les édiles eurent dans leur département l'alignement et le soin des rues, par suite des égouts, des thermes, et ils descendirent toujours davantage d'un rôle politique à un rôle municipal. Comme les amendes dont ils frappaient les citoyens leur servaient à bâtir des temples et à donner des jeux dans le grand cirque placé à la porte de leur temple, ils furent intéressés à poursuivre toute contravention aux règlements de police ; ils devinrent des surveillants minutieux de ces règlements, et c'est ainsi qu'on put sous l'empire faire inspecter les lieux les plus abjects et imposer les occupations de voirie les moins relevées à ceux dont Cicéron avait appliqué le nom à Dieu même, l'appelant l'édile de l'univers.

Le temple particulièrement confié aux édiles était, nous l'avons vu, le temple de Cérès. Cette circonstance nous révèle l'autre devoir principal de l'édilité, l'alimentation publique. Ce fut par là que les édiles maintinrent longtemps leur importance. Ils nourrissaient le peuple. Dans les temps de famine, les pauvres venaient à la porte du temple de Cérès demander du pain, qu'on leur donnait, comme les mendiants vont encore aujourd'hui recevoir une soupe dans les couvents voisins. Ce qui valait mieux que de distribuer du pain, c'était de faire que le blé fût à bon marché. Un édile nommé Trebius sut par ce moyen inspirer au peuple une telle reconnaissance qu'on lui éleva des statues sur le Palatin et sur le Capitole, et que les plébéiens portèrent sur leurs épaules au bûcher le corps de leur bienfaiteur.

Les jeux étaient à Rome, comme toutes les institutions, une institution à la fois religieuse et politique. On établit les jeux apollinaires et les représentations théâtrales dans des temps de péril ou de contagion pour apaiser la colère des dieux, puis les jeux plébéiens en mémoire de la liberté reconquise et de la réconciliation des deux ordres. Ceux-ci étaient du ressort des édiles. L'origine des jeux se rattache à celle des monuments et par là fait partie de leur histoire. On les vouait avec les temples. Les édiles, chargés du temple de Cérès, présidaient aux jeux de Cérès, à ceux de Liber et de Libéra, dont le culte se célébrait dans le même temple et dont les noms rappelaient l'idée de liberté, enfin aux jeux de Flore, déesse également rustique et par conséquent plébéienne, car, avant d'être la déesse des fleurs, elle avait été celle des fruits.

Les occupations des édiles exigeaient qu'ils eussent à leur disposition lin grand nombre d'employés, ce que nous appellerions des gens de bureau, des secrétaires, des copistes, des huissiers. Un monument qui existait encore au XVIe siècle, et dont quelques restes subsistent dans le voisinage du temple de Vespasien, près du Forum, était destiné à l'habitation de ce *personnel* de l'édilité. C'était un portique à trois arcades avec des chambres ; il portait le nom de Schola Xantha, parce qu'un affranchi nommé Xanthus l'avait fait rebâtir. *Schola* voulait dire confrérie, corps de métiers. Une inscription nous apprend que cet édifice était à l'usage des scribes, des libraires, c'est-à-dire des copistes, des huissiers (*præcones*) attachés au service des édiles curules. On voit que non-seulement les hautes charges, mais encore les plus humbles fonctions, ont à Rome leurs monuments. Ce fut au temps de cette popularité des édiles que les jeunes patriciens, saisis d'un beau zèle, demandèrent qu'une place leur fût donnée dans l'édilité. De là naquit la charge des édiles curules, qui, au bout d'un an, fut accordée indistinctement aux patriciens et aux plébéiens. C'est que dans l'origine l'édilité était une grande chose. Comme les tribuns avaient pour mission de soutenir les droits politiques des plébéiens, les édiles étaient surtout chargés de protéger leurs intérêts matériels et d'assurer leur subsistance. Les tribuns veillaient à ce que la *plebs* ne fût pas opprimée, les édiles à ce qu'elle ne mourût pas de faim. C'est pour cela que leur office était attaché au temple de Gérés, et que ce temple avait pu leur donner leur nom.

L'empire, qui méprisait le peuple en le nourrissant, lui donna du pain et les jeux du cirque. Les édiles les lui avaient aussi donnés ; mais le jour où furent créés les tribuns et les édiles, les plébéiens avaient obtenu sur le Mont-Sacré ces deux choses que doivent aux peuples tous les gouvernements qui ne les méprisent pas : du pain et la liberté. Il est tout simple que les empereurs ne fussent pas favorables à l'édilité, c'étaient eux qui s'étaient chargés de la nourriture de leurs esclaves. Déjà sous la république les censeurs avaient pris la haute main dans la construction des édifices publics, et les tribuns la part principale dans la défense des intérêts démocratiques. Ainsi dépouillés peu à peu, les édiles tombèrent de la situation qui les mettait en passe de remplacer les consuls à celle où on leur permettait de surveiller les cabarets et de faire balayer les rues.

À peine cependant le tribunat a-t-il commencé d'exister, que déjà il remporte une victoire signalée sur le patriciat dans l'affaire de Coriolan. Coriolan était de la famille sabine des Mardi [9]. Un tel patricien ne pouvait être que Sabin. En effet, Caïus Marcius Coriolanus était le patricien par excellence, superbe, dur aux plébéiens comme un Claudius, de plus brillant à la guerre, fougueux, emporté, agressif. Le premier Appius Claudius fut le type de l'aristocratie qui résiste, Coriolan de l'aristocratie qui brave et défie ceux qu'elle mécontente. Aussi fut-il entraîné par son fougueux orgueil à porter les armes contre son pays, et il mourut dans l'exil. On rapportait de lui plusieurs traits de générosité, il y avait du chevalier dans le dur aristocrate ; jeune, il avait porté les armes contre les Tarquins, et plus tard pris aux Volsques la ville de Coriole [10]). Ce brillant fait d'armes avait valu à Marcius le surnom de Coriolan, sous lequel il est connu de la postérité.

Rome était livrée alors à des agitations violentes ; d'orageux débats partageaient le sénat, où l'on élevait si haut la voix que le peuple l'entendait du Forum. Les consuls sortaient de la curie accompagnés d'un bataillon de patriciens pour haranguer ; les plébéiens et les tribuns les repoussaient du Forum, qu'ils disaient leur appartenir. Par représailles, les tribuns convoquaient l'assemblée populaire du haut du Vulcanal, qui dominait le Comitium, et d'où les consuls avaient coutume de s'adresser aux patriciens. Coriolan ne tarda pas à se faire remarquer dans ces luttes par son dédain et sa colère contre les plébéiens et contre le tribunat [11]). La culture des terres ayant été interrompue par la retraite des plébéiens sur le Mont-Sacré à l'époque de l'année où il aurait fallu les ensemencer, les édiles envoyèrent acheter du blé en Étrurie, dans le pays envahi depuis par les Marais-Pontins, à Cumes, et jusqu'en Sicile. Coriolan proposa de n'en faire la distribution aux plébéiens que s'ils abandonnaient leur conquête du Mont-Sacré, le tribunat. Les tribuns, qui, assis sur leurs tabourets, à la porte de la curie, savaient tout ce qui se passait dans les délibérations du sénat, quittent leurs places et montent à leur tribune, qui était à côté de la curie, pour faire connaître aux plébéiens rassemblés dans le Forum l'odieuse proposition de Coriolan. Quand il sortit, ceux-ci voulaient le mettre en pièces. On se précipita sur lui avec fureur. Les tribuns, dépassant leur pouvoir, le citèrent en jugement. Le tribun Sicinius, un des chefs de la retraite sur le Mont-Sacré, proposa de précipiter Coriolan de la roche Tarpéienne. Coriolan, debout en avant de la curie, entouré de jeunes patriciens et de nombreux clients, défiait la multitude. Les tribuns ordonnent de le saisir ; les patriciens accourent pour le défendre, repoussent les tribuns et frappent les édiles. Cependant l'autorité des consuls intervenant calme la foule pour ce jour-là.

Le lendemain, les tribuns convoquent les citoyens et somment Coriolan de paraître devant leur tribune, dont pour la première fois ils font un tribunal. Coriolan se présente en effet devant eux, mais ce n'est pas pour se soumettre au jugement illégal des tribuns : c'est pour les accuser, et pour adresser aux plébéiens des reproches pleins de mépris et de hauteur. Les patriciens applaudissent à son courage ; les plébéiens, furieux, sont au moment de se jeter sur lui et de le tuer, selon le droit du plus fort, dit Denys d'Halicarnasse, en appelant ainsi au droit de la guerre. En effet, c'était une guerre, une guerre entre deux populations ennemies. Les patriciens et les plébéiens étaient deux peuples, la curie et le Forum étaient deux camps. Les tribus persistent dans leur prétention de faire juger Coriolan par la *plebs*, et le somment une seconde fois de comparaître devant eux comme accusé d'avoir affecté la tyrannie [12]). En présence d'une telle accusation, Coriolan consentit à comparaître, et les patriciens à le laisser juger. Pour la première fois le Forum vit des comices. Jusque-là il n'y en avait eu que dans le Comitium, dans le Champ de Mars ou sur le Capitole. Ce furent les premiers *comices par tribus*. On imita les *septa* du Champ de Mars en tendant des cordes à travers le Forum. Les votes des centuries, dans lesquelles chacun votait en raison de ce qu'il possédait, furent remplacés ce jour-là par les votes des tribus, votes individuels et égaux de tous les citoyens. Le suffrage universel fut mis à la place du suffrage fondé sur le cens. Ce fut une grande innovation politique. Sur vingt et une tribus, douze condamnèrent Coriolan à l'exil. Les tribuns s'étaient vengés de leur ennemi et avaient conquis le pouvoir judiciaire, qui primitivement n'était pas dans leurs attributions. Coriolan alla à Antium, chez les Volsques, contre lesquels il avait combattu. Il y fut l'hôte d'Attius Tullus, le principal chef de cette nation. Ce droit d'hospitalité accordé à un ennemi se comprend. Attius Tullus, Volsque, et Marcius Coriolanus, Sabin d'origine, étaient tous deux d'extraction sabellique. Si Coriolan fut transfuge de sa patrie, il ne le fut point de sa race.

Au bout d'un certain temps, Tullus et Coriolan eurent avec assez de difficulté préparé contre Rome une expédition qu'ils commandèrent. Ils prirent d'abord Circeii, le point le plus avancé des possessions romaines vers l'est ; puis, revenant sur leurs pas, Coriolan soumit aux Volsques les mêmes villes qu'il avait aidé les Romains à leur prendre, et parmi elles Coriole, origine glorieuse et aujourd'hui déshonneur de son nom. Après avoir pris un certain nombre de villes latines, Coriolan s'arrêta à cinq milles de Rome, aux Fosses-Cluiliennes, près desquelles avait été livré le combat mémorable des Horaces et des Curiaces. À l'époque de ce combat, les Fosses-Cluiliennes étaient la frontière très rapprochée de l'état romain, et, si les Volsques n'étaient pas repoussés, allaient le redevenir. Denys d'Halicarnasse dit que les Volsques, par le conseil de Tullus, épargnaient les terres des patriciens, pour les rendre suspects aux plébéiens. Ce pouvait être aussi un ordre de Coriolan, qui ménageait ses alliés naturels, ceux qui avaient soutenu sa cause, et ne voulait frapper que ses ennemis.

À l'approche de Coriolan victorieux, une grande terreur remplit la ville. Les plébéiens accourent au Forum, appellent les sénateurs dans la curie, et leur enjoignent de rappeler Coriolan, dont eux-mêmes avaient prononcé le bannissement. C'est bien l'emportement mobile et impérieux de toutes les multitudes. Les Romains envoient une députation à Coriolan. Le sénat consentait à rendre aux Volsques les villes qu'on avait prises sur eux, mais exigeait que Coriolan se retirât. Coriolan répondit par un refus superbe, mêlé d'invectives à son propre sujet ; puis il alla prendre sept villes nouvelles aux Latins. Le fier Sabin montrait ainsi à la fois ses sympathies pour une nation sabellique et son antipathie pour les populations latines. Bientôt il revint camper près de Rome, à moins de quatre milles (environ une lieue). On envoya vers Coriolan les prêtres, les augures ; mais il fut inflexible. Alors les femmes romaines ou plutôt les femmes sabines sauvèrent encore une fois la patrie en allant supplier Coriolan, comme elles avaient supplié Tatius. Une Sabine, une Valeria, la sœur de Publicola, quitte le Capitole et l'autel de Jupiter, au pied duquel, avec les autres matrones, elle suppliait les dieux [13]. Elle se rend à la demeure de Coriolan, entre dans l'appartement des femmes, où étaient la mère et l'épouse du banni, de race sabine comme lui ; elle les décide à se rendre auprès de Coriolan pour tenter de le fléchir. Le sénat approuve cette résolution, et les patriciens font cortège aux matrones jusqu'à la porte Capène ; puis celles-ci, tournant à gauche, prennent la voie Latine et s'avancent seules, à travers la plaine, jusqu'au camp de Coriolan, à quatre milles de Rome. L'apparition de ces femmes touche d'abord très peu Coriolan. Contre tout ce qui vient de Rome il a endurci son cœur ; mais on lui dit qu'on a vu au milieu d'elles sa vieille mère et sa jeune femme tenant ses deux enfants par la main. Coriolan s'avance au-devant de sa mère, fait, en signe de respect, ôter les haches des faisceaux et abaisser les faisceaux devant elle.

Véturie, que je me représente comme une de ces vieilles femmes au profil sévère qu'on pourrait rencontrer aujourd'hui dans la campagne romaine au même endroit [14], le repousse en lui disant : « Je veux savoir si je suis venue vers mon fils ou vers un ennemi. » À ces dures paroles de la mère de famille, le hautain exilé ne trouve rien à répondre. L'épouse, dont la condition par rapport à son époux était celle d'une fille vis-à-vis de son père, ne se permet pas d'adresser à Coriolan des reproches ou des conseils ; mais elle l'embrasse et pleure. Toutes les matrones l'entourent en pleurant. L'âme fière et violente de Coriolan est attendrie par ces pleurs de femmes ; il lève son camp et se retire, non devant Rome, mais devant elles. Il y a peu de scènes dans l'histoire plus émouvantes que celle-là, et elle ne perd rien à la décoration du théâtre ; en se plaçant sur un tertre à quatre milles de Rome, près de la voie Latine, dans un lieu où il n'y a aujourd'hui que des tombeaux ou des ruines, on peut se figurer le camp des Volsques, dont les armes et les tentes étincellent au soleil. Les montagnes s'élèvent à l'horizon. À travers la plaine ardente et poudreuse défile une foule voilée dont les gémissements retentissent dans le silence de la campagne romaine. Bientôt Coriolan est entouré de cette multitude suppliante, dont les plaintes, les cris, devaient avoir la vivacité des démonstrations passionnées des Romaines de nos jours. Coriolan eût résisté à tout ce bruit, il eût peut-être résisté aux larmes de sa femme et aux caresses de ses enfants ; il ne résista pas à la sévérité de sa mère. Le soir, par un glorieux coucher du soleil de Rome qui éclaire leur joie, la procession triomphante s'éloigne en adressant un chant de reconnaissance aux dieux, et lui se retire dans sa tente, étonné d'avoir pu céder. Du haut des édifices de la ville, on regarde avec transport l'armée ennemie retourner du côté de la mer, vers Antium, d'où Coriolan était venu écraser le plébéianisme à Rome, et où il devait trouver la mort.

Sa fin, toujours triste, était racontée de diverses manières. Selon les uns, en butte au mécontentement des Volsques, il avait été lapidé par eux ; puis, se repentant de lui avoir donné la mort, ils avaient accordé de grands honneurs à son cadavre. Selon d'autres, il aurait vécu jusque dans un âge avancé, regrettant la patrie qu'il avait trahie, puis sauvée, et disant : « L'exil est cruel pour un vieillard. » Il eût pu rentrer dans Rome, où le sénat lui décerna des honneurs, et où les matrones devaient porter son deuil ; mais son orgueil l'en empêcha, il ne voulait pas voir les tribuns triomphants. Le sénat décréta que les femmes romaines choisiraient leur récompense ; la seule qu'elles demandèrent fut d'élever à leurs frais un temple à la Fortune des femmes, la Fortune mulièbre, et que le culte y fût célébré au nom de l'état, afin que, s'y rassemblant chaque année le jour où elles avaient obtenu le départ de Coriolan, elles pussent y offrir des sacrifices et prier seules pour le salut de la république. Valeria et la mère de Coriolan se chargèrent des frais.

Un temple fondé par des femmes, un culte confié non à un corps de prêtresses, comme les vestales, mais à des matrones romaines, étaient quelque chose de très nouveau. Une telle innovation montre jusqu'où allait pour elles le respect des Romains, et ce qu'était à Rome, malgré l'infériorité de leur condition légale, la considération morale dont on les entourait [15]. Valeria présida la première au sacrifice offert pour le peuple romain sur un autel qu'on avait élevé avant que le temple fût construit. Le temple fut consacré l'année suivante par le consul Virginius. Les matrones romaines instituèrent la coutume que la statue de la déesse ne serait jamais touchée par des femmes remariées, que le droit de poser des couronnes sur la tête de cette statue et l'honneur de desservir le temple appartiendraient aux nouvelles épouses. Il y avait chez les anciens Romains contre les secondes noces une prévention dont l'église romaine a hérité. On rapportait que, le sénat ayant voulu que la statue fût exécutée à ses frais et les matrones en ayant fait faire aux leurs une seconde, celle-ci, au moment où elles furent toutes deux consacrées, prononça distinctement ces mots : « Femmes romaines, vous m'avez dédiée selon les rites ; » miracle qui semble avoir été imaginé pour confondre ceux qu'une statue consacrée par des femmes scandalisait. Depuis ce jour, bien des images de madones ont parlé. Ce temple était à quatre milles de Rome, sur la voie Latine, à l'endroit où Coriolan avait été désarmé par sa mère.

Les patriciens, humiliés par la peur que leur avilit faite Coriolan, s'en vengèrent sur un autre patricien, qui se fit craindre d'eux, non comme appui des Volsques, mais comme auxiliaire des plébéiens. A l'exil de Coriolan, décrété par les tribuns, ils répondirent par la mort de Spurius Cassius.

Spurius Cassius s'était signalé dans les premières campagnes de la république ; il avait fait avec les Latins un traité important, car il assurait à Rome l'alliance des populations latines contre les Æques et les Volsques, infatigables à la combattre. C'était la pensée qui avait fait élever par Servius Tullius le temple de Diane sur le mont Aventin ; Rome s'appuyait sur le Latium contre les nations sabelliques, sur la plaine contre la montagne. Ce traité devait être maintenu tant que le ciel et la terre resteraient à leur place. On le considérait comme si important, que la table d'airain sur laquelle il était gravé fut placée derrière la tribune. Spurius Cassius fit un pas de plus dans la même voie, et conclut avec les Herniques un traité qui détachait ce peuple montagnard et belliqueux des autres peuples sabelliques. Après ce succès d'une haute importance, il n'obtint qu'avec peine le triomphe. On lui disputait cet honneur sous prétexte qu'il n'avait livré aucune bataille, pris aucune ville, et fait des conditions trop favorables aux Latins et aux Herniques. C'était une injustice. Ces deux traités valaient vingt combats qu'ils épargnaient aux Romains, et les droits accordés aux Latins et aux Herniques étaient une sage concession, grâce à laquelle Rome trouva, pendant les guerres qui suivirent, des alliés sans lesquels, n'ayant d'appui ni dans la plaine, ni dans la montagne, elle aurait probablement succombé.

Soit irritation contre le sénat, qui lui avait marchandé les honneurs du triomphe, soit plutôt sagesse d'un esprit supérieur qui savait et avait déjà montré ce que parfois on gagne à accorder, Spurius Cassius, dans son troisième consulat, prit l'initiative de mesures populaires que les patriciens ne lui pardonnèrent jamais. Il voulait partager entre les Latins et les plébéiens, ces Latins de Rome, le territoire cédé par les Herniques. De plus, le premier, il revendiquait, pour être distribuée aux citoyens, une partie des terres publiques, dont les patriciens avaient seulement la possession et dont ils voulaient faire leur propriété. C'était la première loi agraire, fondée, aussi bien que toutes celles qui suivirent, non, comme on l'a cru quelquefois, sur un principe de spoliation, mais sur le droit de l'état à disposer des terres conquises, droit que l'usurpation des patriciens violait manifestement. Les patriciens craignirent pour leur usurpation et se hâtèrent de déclarer que Spurius Cassius aspirait à se faire roi. Il semble que les plébéiens auraient dû le soutenir ; mais il demandait aussi qu'on accordât des terres aux alliés latins. Un esprit étroit de jalousie prévalut chez la *plebs* inintelligente et la détacha de Cassius. Voulant la gagner à tout prix, il demanda qu'on rendît à ceux auxquels le sénat avait vendu les blés venus du dehors ce qu'ils avaient payé. Les tribuns se tournèrent contre lui, ne voulant pas qu'un patricien leur ravît le privilège de la popularité. Les plébéiens, dupes de la peur qu'on leur faisait de ce nom de roi, crurent que Cassius voulait leur acheter à ce prix leur liberté, et rejetèrent cette proposition, dont les patriciens devaient le punir.

Le Forum fut cette fois témoin d'une triste scène. Spurius Cassius, ses collègues, qui étaient ses ennemis, le consul Virginius, avaient tour à tour occupé la tribune ; la *plebs* flottait encore incertaine. Les tribuns y avaient parlé contre le patricien et contre leur conscience. Enfin l'un d'eux y monta, et, probablement d'accord avec le consul Virginius, le somma de s'expliquer. — « La loi proposée par Cassius, dit-il, se compose de deux parties : une distribution de terre aux alliés et une aux citoyens romains. En repoussant la première, acceptes-tu la seconde ? — Je l'accepte, répondit Virginius. — Eh bien ! reprit le tribun en s'adressant à la multitude, acceptons de notre côté la mesure sur laquelle le consul et nous sommes d'accord, et renvoyons à un autre moment la discussion du point contesté. » Les plébéiens, trompés par cette comédie, demandèrent à grands cris ce que nous appellerions la *division*, et Cassius fut perdu. La cause des plébéiens ne le fut pas moins. Rentrés dans la curie, les sénateurs convinrent de nommer dix commissaires pris dans leur sein pour décider *l'année suivante* quelle partie des terres publiques devait être donnée aux plébéiens et quelle partie serait conservée aux patriciens. Il en résulta que les patriciens conservèrent tout.

Cependant le Forum s'agitait encore ; la lutte s'y continuait entre Cassius et les tribuns, qui faisaient contre lui les affaires des patriciens. Ne pouvant rien obtenir d'eux, il cessa de paraître à la tribune, feignit d'être malade et garda la maison. C'était s'avouer vaincu. Le temps du consulat de Cassius expiré, il fut accusé par les deux magistrats chargés de poursuivre les crimes de haute trahison, et qu'on appelait questeurs, c'est-à-dire inquisiteurs du parricide. Les patriciens empruntèrent aux tribuns, qui avaient mis en jugement Coriolan, cette accusation banale d'avoir voulu se faire roi, qu'un parti ou un autre avait constamment en réserve pour celui qu'il voulait perdre, et que le peuple accueillait toujours avec faveur, car ce nom de roi était un épouvantail qui ne manquait jamais son effet.

Spurius Cassius fut condamné à mort. Denys d'Halicarnasse a

l'air de penser que ce fut dans le Forum par les tribus assemblées, ce qui est peu vraisemblable, et que, conduit par les deux questeurs du parricide au haut de la roche Tarpéienne, il en fut précipité à la vue de tous. Je crois plutôt Tite-Live, qui parle du jugement des curies patriciennes *(judicio populi)*. Selon une autre version que Tite-Live rapporte aussi, ce ne serait ni dans le Forum ni dans le Comitium que le jugement aurait été prononcé ; ce ne serait point sur le Capitole qu'il aurait été exécuté. Tout se serait passé dans la maison de Cassius ; son père l'aurait jugé, condamné, mis à mort.

Vrai ou faux, un tel récit nous fait connaître l'idée qu'on se formait de ce que fut l'autorité paternelle dans les commencements de la république. L'un des premiers citoyens, l'homme le plus éminent de son temps, disait Niebuhr, le vainqueur des Volsques et des Herniques, l'auteur du traité avec les Latins, trois fois consul, aurait été battu de verges et tué par son père *(verberasse ac necasse)*. On voit que la tradition de Brutus ne se perdait point ; mais Brutus immolait ses fils réellement coupables au salut de la patrie ; le père de Spurius Cassius, à l'avarice menacée de l'ordre patricien. Ces deux noms de Brutus et Cassius, qui devaient être rapprochés un jour par une autre exécution sanglante, l'étaient donc par une conduite semblable en apparence, mais dont les motifs furent bien différents. N'importe, ce sont deux terribles exemples de ce pouvoir paternel, base de la famille à Rome, et dont l'origine cependant ne pouvait être romaine. Ce n'est pas sur le Palatin, dans une agrégation de réfugiés dont la plupart n'avaient pas de famille, que naquit la puissance exorbitante du père de famille ; elle dut venir des Sabins, chez lesquels on trouve l'organisation du clan et de la tribu, et quelque chose de la société patriarcale, où le père de famille est roi [16].

La vengeance patricienne, qui avait pensé s'étendre aux enfants de Cassius, le poursuivit, et même après sa mort. On rasa sa maison, la place qu'elle occupait resta vide, et tout près on bâtit un temple dédié à Tellus, nom sacré de la terre, qu'on honorait comme une puissance infernale. C'était consacrer la mémoire de Cassius aux dieux infernaux. La statue de bronze qu'il s'était élevée à lui-même, ce qui montre dans cet ami des plébéiens un grand orgueil, fut fondue par ordre des censeurs. Ces deux faits, qui se rapportent à une époque postérieure, peignent l'acharnement des patriciens contre le souvenir de ce premier précurseur des Gracques.

Nous savons où était la maison de Cassius, parce que nous savons où était le temple de Tellus. Ce temple se trouvait près des Carines, dans une rue qui conduisait du Forum à ce quartier brillant, aux environs de *Torre dei Conti*. Le temple de Tellus, élevé près du lieu qui rappelait une exécution atroce, fut plus tard associé à d'autres barbaries. Dans les actes des martyrs, il est question de chrétiens mis à mort en cet endroit (*in Tellure*), Ceux-ci, victimes d'un pouvoir qui les regardait comme dangereux, parce qu'ils prêchaient l'égalité des hommes devant Dieu et résistaient à la tyrannie, mouraient au fond pour la même cause que Spurius Cassius, martyr de la cause des opprimés et victime de la tyrannie. *Torre dei Conti* est une tour féodale du temps d'Innocent III, sorti de cette grande famille des Conti qui a donné sept papes à l'église. Elle a été probablement bâtie sur l'emplacement même du temple de Tellus. On aime à voir la papauté écraser ainsi les souvenirs de l'oppression et de la persécution ; mais la papauté du moyen âge, qui éleva la tour des Conti, n'a-t-elle pas à son tour opprimé et persécuté ? Un autre édifice était doublement lié à la destinée de Spurius Cassius, le temple de Gérés, qui, voué par son ancien général Posthumus et bâti au lieu où avait été le vieux sanctuaire pélasgique de Demeter, avait été plus tard consacré par Cassius lui-même.

Quand son père l'eut immolé de ses propres mains à l'avidité patricienne, il fit don du pécule de son fils, — un fils n'avait que son pécule comme un esclave, — à ce même temple de Cérès que Spurius Cassius avait consacré, et, par une féroce ironie, mit au bas de la statue faite avec cet argent, et qu'il dédiait à la déesse : « Don de la famille Cassia. » L'ironie était d'autant plus amère, que l'on vendait comme esclaves auprès du temple de Cérès ceux qui avaient offensé un tribun. Ce temple, mis particulièrement sous la surveillance des édiles et où ils avaient leurs archives, était le temple de la démocratie romaine. Le farouche patricien le choisit pour lui faire adresser par son fils mort au service de la démocratie un dérisoire hommage.

Un fait obscur, mais terrible, achèverait, s'il était certain, de répandre sur ces premières luttes politiques du Forum une tragique horreur. Un tribun nommé Mutius, indigné que ses neuf collègues eussent trempé dans les menées de Spurius Cassius, les aurait fait brûler vivants dans le cirque [17]. Ce serait un épisode bien lugubre de l'histoire de ce grand monument, laquelle du reste est liée à l'histoire romaine tout entière. Les bûchers se seraient allumés de bonne heure à Rome, et celui du champ des Fleurs (*rampo di Fiori*), sur lequel monta au XVe siècle le philosophe Giordano Bruno, aurait un précédent bien ancien dans ce bûcher politique, qui, au me siècle de Rome, aurait brûlé neuf tribuns.

Bientôt les débats sur la loi agraire furent repris avec fureur, le sénat refusant toujours, les tribuns réclamant toujours, et défendant aux plébéiens de s'enrôler jusqu'à ce que les patriciens eussent tenu parole ; les plébéiens allèrent même jusqu'à abandonner leur général, à rentrer sous la tente et à forcer un consul de les ramener dans Rome, fuyant ainsi devant leurs ennemis du dehors pour que leurs ennemis du dedans ne profitassent pas de leur triomphe.

C'est l'éternel honneur du peuple romain que, dans ces extrémités formidables, personne, patriciens ou plébéiens, n'ait eu l'idée de renoncer à une liberté si turbulente, si périlleuse, qui remplissait leurs ennemis d'espérance, pour chercher le repos et le salut dans le despotisme. Certes les arguments qui ont décidé plus tard les Romains à le faire dans des circonstances moins difficiles, les arguments n'auraient pas manqué. Le danger du prolétariat était grand ; mais, je le répète, l'idée de chercher un maître ne vint à personne. Les consuls paraissaient au Forum et sommaient les citoyens de s'inscrire dans la milice ; nul ne s'inscrivait : les patriciens négociaient, promettaient, attendaient. On venait dire que l'ennemi approchait, que les Véiens avaient passé le Tibre, que les AEques étaient descendus de leurs montagnes. Les plébéiens refusaient encore de s'inscrire. Enfin, quand du haut des maisons on voyait l'ennemi dans la plaine à deux lieues de Rome, on n'y pouvait plus tenir, on sortait de la ville et on allait le repousser ; puis on revenait au Forum recommencer d'autres combats, ou bien un général habile savait exciter l'ardeur des soldats, l'irriter par des délais sagement calculés ; les soldats se précipitaient sur l'ennemi, jurant de vaincre, et tenaient leur serment. Rome traversa donc ces redoutables épreuves sans abdiquer sa liberté. Malgré ses dissensions, elle ne fut point conquise, et c'est parce qu'elle était demeurée libre qu'elle a conquis le monde.

Les patriciens, qui, on doit le reconnaître, auraient mieux aimé mourir que descendre à l'expédient de la tyrannie d'un seul, faisaient tout pour reprendre l'ancien pouvoir qu'ils avaient perdu depuis la retraite sur le Mont-Sacré et la création du tribunat. Ils gagnaient quelques-uns des tribuns et les détachaient d'un collègue trop résolu. Ils parvinrent au moyen de leurs clients à dominer dans les centuries, au point qu'un jour les plébéiens abandonnèrent les comices, et à y faire constamment élire les consuls de leur choix [18]. Ils imaginèrent de tenir les comices à plus d'un mille de Rome, parce que la puissance des tribuns ne s'étendait pas plus loin ; mais à Rome les lieux n'étaient point indifférents, la coutume attachait à chacun d'eux une destination pour ainsi dire sacrée, et l'innovation tentée n'eut pas de suite.

C'est pendant cette période obscure et curieuse de l'histoire romaine qu'on voit, de 269 à 275, sept Fabius de suite consuls. La *gens* Fabia, sabine comme la gens Claudia par son origine, mais plus anciennement domiciliée à Rome, fut alors une véritable dynastie aristocratique, tandis qu'on voit un Julius de race latine, un aïeul de César, prendre parti pour les plébéiens. Ces Fabius avaient un grand cœur. Le rôle d'instrument d'oppression et d'injustice que leur faisait jouer l'aristocratie romaine finit par leur répugner. Kaeso Fabius, celui-là même qui avait prononcé la condamnation de Spurius Cassius, fut le premier à demander la loi agraire, se fit aimer des soldats par ses soins pour les blessés. Dans une bataille, son frère Quintus fut tué ; son autre frère, Marcus, sauta par-dessus le corps de Quintus ; lui et Kaeso entraînèrent l'armée. Les Fabius devinrent populaires à force de gloire. Dès ce moment ils furent odieux aux patriciens. L'espèce d'hérédité qui s'était établie pour eux dans le consulat fut abolie. Toujours suspects aux tribuns, leur situation à Rome n'était plus tenable. Ils résolurent d'en sortir noblement ; ils firent aussi leur sécession, mais sans rien demander que la permission d'aller s'établir à quelque distance de Rome et d'y soutenir à leurs frais la guerre contre les Véiens. Les Fabius étaient Sabins [19] ; un clan sabin pouvait seul compter quatre mille hommes, et quatre mille hommes vinrent s'offrir au sénat pour aller guerroyer contre les Véiens. Dans ces quatre mille hommes, il y avait trois cent six patriciens ; le reste était des clients. Les Fabius étaient établis sur le Quirinal au moins depuis Tatius ; peut-être l'avaient-ils été d'abord sur l'Aventin. Une tradition les met en rapport avec Remus.

On peut suivre tous les pas des Fabius dans cette brillante aventure qui devait finir si tragiquement pour eux, grâce aux détails dont le récit de Tite-Live, tiré probablement des mémoires de la *gens* Fabia, est rempli. Les trois cent six patriciens viennent trouver le sénat rassemblé et s'arrêtent à la porte de la curie, là où étaient les sièges des tribuns. Celui des leurs qui était consul entre et parle au nom de tous. Les clients attendaient dans le Forum. Au nom de sa tribu, Kaeso offre de faire la guerre aux Étrusques de Véies. C'est une guerre de notre *gens*, dit-il, *bellum gentile*. En effet, les Fabius avaient été les héros de cette guerre. Le sénat les remercie et ordonne que le lendemain ils se présentent armés à la porte du consul. Tout ce jour-là il ne fut question que de l'offre magnanime des Fabius.

Le jour suivant, ils s'arment et vont se réunir au lieu indiqué, très probablement sur le Quirinal, où devait être la demeure de Kaeso, comme des autres Fabius. Le consul sort portant le paludamentum, manteau de guerre, insigne du commandement militaire, et se met à la tête du clan. Pour aller à Véies, ils ne pouvaient prendre la voie Flaminia (le Corso), qui n'existait pas encore ; mais ils eussent pu en suivre la direction à travers le Champ de Mars et sortir de Rome par une des portes du Quirinal, la porte Salutaire ou la porte Sanqualis. Pourquoi allèrent-ils par un assez long détour chercher la porte Carmentale (aux environs du théâtre de Marcellus) ? Ce dut être dans une pensée religieuse. Ils avaient une procession à faire, et, comme on dit aujourd'hui, *à visiter les sanctuaires*, les sanctuaires liés à la religion de leur *gens*. Les Fabius, étant Sabins, étaient très religieux. Selon une version, improbable il est vrai, du récit de leur mort, mais caractéristique en ce qu'elle montre l'idée qu'on se faisait de leur piété, ils avaient péri pour être revenus à Rome des bords de la Cremera, afin d'y accomplir un sacrifice. Pendant le siège du Capitole par les Gaulois, un jeune Fabius traversa deux fois l'armée des assiégeants pour aller s'acquitter d'un devoir pieux de sa famille sur le Quirinal et en revenir. Cette fois, si, pour sortir de la ville, ils firent un assez grand détour, c'est qu'ils voulaient visiter des lieux qui leur étaient sacrés et y faire leurs dévotions, comme un bataillon de Romains modernes, dans le temps où les Romains étaient plus dévots qu'ils ne sont aujourd'hui, aurait voulu faire les siennes dans les églises placées sous le patronage de leurs chefs : l'église des Saints-Apôtres, s'ils avaient été les vassaux des Colonna ; l'église de Sainte-Pudentienne, s'ils avaient été les vassaux des Caetani. Quelques-uns des Transteverins qui partaient, il y a trois ans, pour aller rejoindre les troupes de Victor-Emmanuel ont peut-être, avant de partir, été faire une prière à Santa-Maria in Trastevere.

La route que suivirent les Fabius, du Quirinal à la porte Carmentale, leur permit, en prenant le plus long, il est vrai, de traverser le Comitium et de se montrer ainsi fièrement dans, l'accomplissement de leur noble dessein aux patriciens ingrats qui s'étaient détachés d'eux, aux plébéiens du Forum dont ils étaient devenus les protecteurs et qui, après les avoir souvent maudits, ce jour-là célébraient avec enthousiasme leur magnanimité. Ils voulaient sans doute passer devant l'antre Lupercal, dont ils étaient les prêtres héréditaires, et aller jusqu'au temple d'Hercule, duquel prétendaient descendre ces Héraclides de Rome, comme les appelle Niebuhr. La porte Carmentale elle-même qu'ils avaient choisie était un lieu consacré par la religion de leur famille, car là étaient l'autel et le sanctuaire de la déesse Carmenta, la mère d'Évandre, et ils rapportaient aussi leur origine à ce héros arcadien. L'antre Lupercal, le temple d'Hercule, le sanctuaire de Carmenta, se rattachaient aux traditions de cette antique famille sabine.

Cette porte leur fut fatale. Elle était formée de deux arcades latérales, de ce qu'on appelait deux *janus*, l'un pouvant servir à ceux qui entraient dans la ville, l'autre à ceux qui en sortaient, de manière que dans les deux cas on passait par le janus que l'on avait à sa droite. Quand on avait franchi la porte Carmentale, deux chemins se présentaient : l'un à gauche, allant vers le Tibre à travers le Champ de Mars ; l'autre à droite, qui rejoignait plus loin le fleuve, là où on le traversait en bateau pour se rendre à Véies. Ce dernier chemin fut la route des Fabius. Depuis leur défaite et leur mort, il demeura néfaste, et même au temps d'Ovide les gens superstitieux (il y en eut toujours à Rome) évitaient d'y passer. Il en était de même du janus carmental de droite, qu'on appelait *porte scélérate*, ce qui voulait dire *porte de malheur*.

Les Fabius passèrent le Tibre, puis longèrent la rive droite du fleuve, et, remontant son cours, allèrent se poster sur une colline dominant la vallée de la Cremera, aujourd'hui la Valca, petite rivière qui se jette dans le Tibre. C'est une eau noire qui coule au fond d'un étroit ravin dont elle ronge les bords, sous des masses touffues d'une verdure sombre. Là les Fabius s'établirent dans une position forte, et à la tête de leurs clients, j'ai presque dit de leurs vassaux, se mirent à guerroyer contre les Véiens. Sur un sommet élevé et abrupt comme ceux où alors on plaçait les villes, ils établirent un fort assez pareil aux châteaux fortifiés qu'on élevait au moyen âge dans une situation semblable, et dont on aperçoit encore les débris ça et là dans la campagne romaine. Cet établissement des Fabius près de la Cremera était-il un établissement définitif dans lequel, dégoûtés de Rome, où leur position politique était devenue difficile, ils voulaient fonder une sorte de colonie militaire, une cité sabine et aristocratique, comme les plébéiens avaient voulu fonder sur le Mont-Sacré une ville latine et plébéienne ? J'incline à le croire avec Niebuhr. Pour cela, il faudrait qu'ils eussent emmené leurs femmes et leurs enfants. Les auteurs se taisent sur ce point. Cependant, comme on disait qu'un enfant laissé à Rome échappa seul à la destruction de sa race, on peut supposer que les Fabius avaient pris avec eux les autres enfants, et, s'il en était ainsi, probablement leurs femmes [20]. Quoi qu'il en soit, les Fabius, établis dans leur fort de la Cremera, firent aux Véiens une guerre acharnée qui dura trois ans.

Pendant ce temps, une armée romaine, conduite par un consul qui n'était pas de la famille des Fabius, — pour la première fois depuis sept ans ni l'un ni l'autre des deux consuls n'appartenait à cette famille, — vint attaquer les Étrusques et les battit aux Roches-Rouges (*Saxa Rubra*) [21], nom que devait immortaliser la victoire de Constantin sur Maxence ; mais le succès du consul, qui fut pour les Fabius une diversion utile, ne les sauva pas. Suivant la tradition la plus accréditée, ils furent attirés par les Véiens dans une embuscade, et y périrent tous. Ceux-ci les avaient tentés par l'appât du butin. Les Fabius virent dans la campagne un grand nombre de bœufs semblables aux troupeaux de *vaccine* qu'on y voit encore aujourd'hui. Ces troupeaux n'étaient point gardés ; la garnison du fort devait désirer une telle capture, car elle avait au moins quatre ou cinq mille bouches à nourrir ; elle voulut enlever le troupeau. Attirés assez loin de la Cremera dans une embuscade, les Fabius furent surpris, entourés par des forces supérieures et massacrés jusqu'au dernier. Selon Tite-Live, ils succombèrent sur une colline qu'ils étaient parvenus à gagner en se faisant jour à travers l'ennemi. Selon Denys d'Halicarnasse, une portion de la petite armée était restée dans le fort pour le garder, ce qui est plus conforme à la vraisemblance ; l'autre s'était réfugiée sur une colline escarpée, peut-être sur le sommet à pic du côté de la vallée où est la ferme appelée la *Vaccareccia*. Ceux-ci furent exterminés les derniers après une résistance désespérée, racontée par Denys d'Halicarnasse avec des détails épiques qui encore cette fois semblent empruntés à un ancien chant. « Ils combattirent depuis l'aurore jusqu'au soir. Les ennemis tués par leurs mains formaient des monceaux de cadavres qui les empêchaient de passer… » On les somme de se rendre, mais ils préfèrent mourir. « Les Volsques leur lançaient de loin des traits et des pierres, n'osant plus les approcher. La multitude des traits *ressemblait à une neige épaisse*. Les Fabius, leurs épées émoussées à force de frapper, leurs boucliers brisés, combattaient encore, arrachant les glaives des mains de l'ennemi, et se précipitant sur lui comme des bêtes sauvages. » Ce n'est pas Denys d'Halicarnasse qui eût trouvé ces traits-là.

Le consul Menenius n'était guère qu'à une lieue du point où s'accomplit le désastre des Fabius ; il fut soupçonné de les avoir laissé écraser. La mort leur rendit leur popularité, et plus tard Menenius fut condamné pour avoir abandonné à la destruction cette race hautaine, mais vaillante et généreuse, qui avait fini par se laisser toucher des misères plébéiennes, et dont le dévouement superbe avait fait oublier tout le reste. Après avoir livré les Fabius, Menenius se fit battre par leurs vainqueurs. Il avait placé sottement son camp à mi-côte sur les collines qui dominent le Tibre. Les Véiens, venus par l'autre côté de la montagne, y prirent position au-dessus de sa tête. Il reconnut sa faute, mais ne fit rien pour la réparer. L'ennemi fondit d'en haut sur un camp si mal placé, le força et mit les Romains en déroute. La trahison était punie, les Fabius étaient vengés.

Ce fut à Rome un grand effroi : chacun prit les armes. On montait sur les toits pour défendre les rues où l'on croyait que l'ennemi allait pénétrer. Les toits étaient plats, comme la plupart le sont encore aujourd'hui, formant au-dessus des maisons une terrasse qu'on appelle *lastrico*. C'est ce qui explique comment il est dit si souvent que la multitude couvrait les toits, au retour de Cicéron par exemple. Selon Denys d'Halicarnasse, les fenêtres furent illuminées, car dans l'ancienne Rome on parle souvent d'illuminations, mais jamais d'éclairage public, et dans les quartiers reculés de la Rome actuelle, on n'est pas aujourd'hui beaucoup plus avancé. Heureusement les Étrusques s'amusèrent à piller, et ils ne parurent que le lendemain sur les hauteurs du Janicule, d'où, dit Denys d'Halicarnasse, on voit la ville à découvert. C'est en effet le lieu d'où l'on en saisit le mieux l'ensemble. Ceux qui sont allés à Rome n'oublieront jamais le panorama de Rome aperçu du Janicule, de la fontaine Pauline et de San-Pietro in Montorio.

Il paraît que les Véiens avaient passé le fleuve, et qu'une partie de leurs troupes attaqua Rome du côté du nord et de l'est, car les Romains firent une sortie près du temple de l'Espérance [22] (c'était de bon augure), à un mille de la porte Esquiline (en dehors de la porte Majeure), et une autre près de la porte Colline (vers la porte Pie). Les Véiens étaient toujours sur le Janicule. S'ils avaient eu de l'artillerie, c'est de là qu'ils auraient assiégé Rome, comme les Français en 1850 ; mais, sans artillerie, les Étrusques ne pouvaient rien faire contre la ville que le fleuve défendait. Ils le franchirent cependant, et une nuit vinrent attaquer le consul Servilius dans le Champ de Mars ; mais ils furent repoussés avec un grand carnage, et se réfugièrent sur le Janicule. Le consul passa le Tibre et voulut gravir la pente escarpée du Janicule ; il fut repoussé à son tour, et il était perdu, si son collègue n'était venu le sauver. Ainsi, à la fin du nie siècle de Rome, la ville qui devait étendre si loin ses conquêtes en était encore à défendre ses faubourgs contre l'ennemi.

Tel fut le premier âge de Rome libre, agité, turbulent, mais plein d'énergie et de grandeur. On était plus tranquille au commencement de l'empire ; mais alors on eût cherché vainement des âmes comme celles des libérateurs du Mont-Sacré, de Coriolan, de Spurius Cassius et des Fabius.

Notes

1.   On se souvient de la série d'études publiées dans la Revue par M. Ampère sur l'Histoire romaine à Rome. L'auteur ne s'est pas

contenté de revoir cette série, qui forme un livre destiné à paraître prochainement chez l'éditeur Michel Lévy. Un voyage de plus à Rome lui a permis de recueillir des éléments entièrement nouveaux, entre autres ceux de l'étude que nous publions aujourd'hui et qui ajoute un intéressant épisode aux tableaux historiques déjà connus de nos lecteurs.

2.   Ce mot indique un engagement légal et non la mise aux fers qui en était la suite, et qu'exprime le mot vincti. Telle est au Mexique la condition des peones, qui ne sont point esclaves de droit, mais le deviennent en Tait quand ils ne peuvent s'acquitter envers leurs maîtres.

3.   Les Servilii étaient une des familles albaines transportées sur le Cœlius ; leur nom se rattachait au roi, de populaire mémoire, Servius Tullius.

4.   Il faut entendre par ce mot le siège placé sur le Vulcanal, où l'on rendait la justice, car la tribune du Forum, qui ne date que de l'institution du tribunat, n'existait pas encore.

5.   C'est cette colline tout entière qu'il faut considérer comme le Mont-Sacré, et non pas seulement la partie à droite de la route, celle que l'on indique seule aux voyageurs comme devant porter ce nom. L'émigration était considérable. Denys d'Halicarnasse (VI, 63) parle d'environ quatre mille hommes.

6.   Selon Festus, ce nom avait été donné au Mont-Sacré parce qu'il fut consacré a Jupiter. Comme il y avait beaucoup d'autres lieux consacrés à Jupiter, ce ne put être l'origine du nom que porta le Mont-Sacré.

7.   Denys d'Halicarnasse parle, il est vrai, des femmes et des enfants restés à Rome, mais cela fait partie de la rhétorique qu'il met dans la bouche de Menenius Agrippa.

8.   Cette opposition se faisait par l'intercession et s'exprimait par le mot veto. Transférer ce droit négatif de l'opposition populaire au chef de l'état, comme on fit dans la révolution, c'était intervertir les rôles des pouvoirs.

9.   Marcius ou Martius était le surnom du roi sabin Ancus Marcius. Ce mot est dérivé de Mars, dieu sabin.

10.   Niebuhr pense que Coriolan s'appelait ainsi parce qu'il

était né à Coriole, et nie que le surnom de Coriolanus ait pu être donné à Marcius à cause de la prise de cette ville, qui, dit-il, était latine, par conséquent alliée de Rome à cette époque, et n'a pu, pour cette raison, être traitée en ville ennemie ; mais elle pouvait avoir été occupée par les Volsques, car elle n'était pas loin d'Antium. Qu'elle figure dans le catalogue des trente villes latines donné par Pline, cela ne prouve rien, car, bien que ces villes aient fait partie de la confédération latine, on ne saurait affirmer que toutes aient été en paix avec les Romains au temps de Coriolan. Enfin Niebuhr dit que, selon le témoignage de Tite-Live, Scipion l'Africain reçut le premier un surnom tiré du nom du pays qu'il avait vaincu ; mais on peut répondre que l'assertion de Tite-Live se rapporte aux surnoms empruntés à un pays conquis comme l'Afrique, l'Asie, la Numidie, la Crète, et non à la prise d'une ville.

11.   Selon Plutarque et Denys d'Halicarnasse, un des motifs de l'irritation de Coriolan aurait été l'échec par lui subi dans sa candidature pour le consulat ; mais, comme les consuls étaient nommés par les centuries et non par les tribus, on ne voit pas comment il eût pu s'en prendre de cet échec aux plébéiens et aux tribuns ; ce qu'il détestait le plus, ce n'était pas la constitution de Servius, mais les lois du Mont-Sacré ; ce n'était pas le Champ de Mars, mais le Forum.

12.   Je crois que seul ce chef d'accusation put décider les patriciens et Coriolan lui-même à accepter la prétention des tribuns, prétention exorbitante et nouvelle, de faire juger un patricien par les tribus.

13.   Denys d'Halicarnasse suppose que Valeria monta sur lu base du temple de Jupiter, et de la harangua ses compagnes ; mais ce détail invraisemblable et peu conforme aux mœurs romaines a été évidemment ajouté par Denys pour amener le discours qu'il voulait mettre dans la bouche de Valeria.

14.   Denys d'Halicarnasse la peint s'évanouissant aux pieds de son fils ; cela n'est point dans les mœurs romaines. Le Romain Lite-Live les comprenait mieux que le Grec d'Halicarnasse.

15.   Valère Maxime prétend que le sénat ordonna aux hommes de céder dans la rue le pas aux femmes, ajouta à leurs parures des ornements nouveaux, et leur permit de porter un vêtement de

pourpre et des galons d'or. Tout cela est une exagération évidente, mais atteste le sentiment de respect pour les femmes que j'ai signalé.

16.   Aujourd'hui même, dans le peuple, l'autorité du père de famille a un caractère de tyrannie. Ainsi ce que gagnent les pauvres et belles filles de la campagne romaine en posant comme modèles dans les ateliers n'est point pour elles, mais pour leur père ou pour leur frère, qui, à défaut du père, est le chef de la famille.

17.   Ce fait très extraordinaire a été nié, et Müller a expliqué la tradition qui le rapportait par une confusion avec neuf tribuns militaires tombés eu combattant les Volsques et brûlés dans le cirque après leur mort.

18.   Selon Niebuhr, ils changèrent même dans les élections le rôle des curies et des centuries, transportant aux premières le droit d'élire et ne laissant aux secondes que le droit de confirmer.

19.   C'est l'opinion de Niebuhr et d'Ott. Müller, qui fait remarquer que les génies sabines, les Claudii, les Valerii, les Fabii, jouent un grand rôle à Rome après l'expulsion des Tarquins. Les Fabii ont leur sacra sur le Quirinal, où furent plusieurs temples consacrés à des divinités sabines. Les surnoms usités dans cette gens ont une physionomie sabine très marquée.

20.   La supposition que les Fabius avaient emmené leurs enfans à la Cremera permettrait d'admettre qu'un seul enfant laissé à Rome aurait conservé leur race ; seulement, si c'était un enfant, il est difficile de concevoir comment dix ans après il était consul. Le Fabius resté à Rome devait être un homme fait ; peut-être l'avait-on laissé sur le Quirinal pour célébrer le culte domestique de la gens Fabia.

21.   Ainsi nommées à cause des rochers de tuf volcanique rougeâtre que les géologues ont signalés.

22.   Den. d'Hal., IX, 24. Ce temple s'appelait le temple de la Vieille Espérance, pour le distinguer de celui de la porto Carmentale, qui était moins ancien. Il se trouvait au point de jonction de plusieurs aqueducs, à huit stades (un mille) de Rome. On peut donc en déterminer l'emplacement avec une grande précision.

ISBN : 978-1985708082

www.ingramcontent.com/pod-product-compliance
Lightning Source LLC
Chambersburg PA
CBHW072343270726
48659CB00023B/2349